Brigitte Kirschning

Häkeln in der Weihnachtszeit

Brigitte Kirschning

Häkeln in der Weihnachtszeit

Häkelblumen • Baumschmuck
Tischdekorationen

Augustus Verlag

Inhalt

Gedanken zur Weihnachtszeit

Längst gibt es die vorweihnacht-liche Heimlichkeit meiner Kin-dertage nicht mehr, die Aufre-gung und Erwartung, bevor man endlich das geheimnisvoll ver-schlossene Weihnachtszimmer betreten und die ersehnten Ge-schenke auspacken durfte. Die Freude aber an der weihnacht-lichen Glitzerwelt, am kreativen Schaffen von schönen Dingen und dem Beschenken meiner Lieben mit Selbstgefertigtem – das alles ist geblieben.

Bei allem Fortschritt in unserer Zeit, in der die Farbe des Baum-schmucks der jährlich wechseln-den Mode unterworfen ist und die Weihnachtsgeschenke von Jahr zu Jahr größer und teurer werden, frage ich mich: Wo ist der bunte Baum meiner Kindheit geblieben, mit Nüssen, Süßigkei-ten, Oblaten und kleinen Baste-leien? Und wo sind die kleinen, aber mit viel Liebe und Detail-freude gebastelten Geschenke?

Die Häkelarbeiten dieses Buches sollen dazu dienen, Ihnen ein bißchen von vergangener Har-monie zurückzugeben, und Sie einstimmen auf eine frohe und gemütvolle Weihnachtszeit. Denn keine andere Zeit des Jah-res ist besser geeignet, um sich mit Ruhe dem Basteln und Hand-arbeiten zu widmen und damit sich selbst und anderen eine Freude zu machen.

Brigitte Kirschning

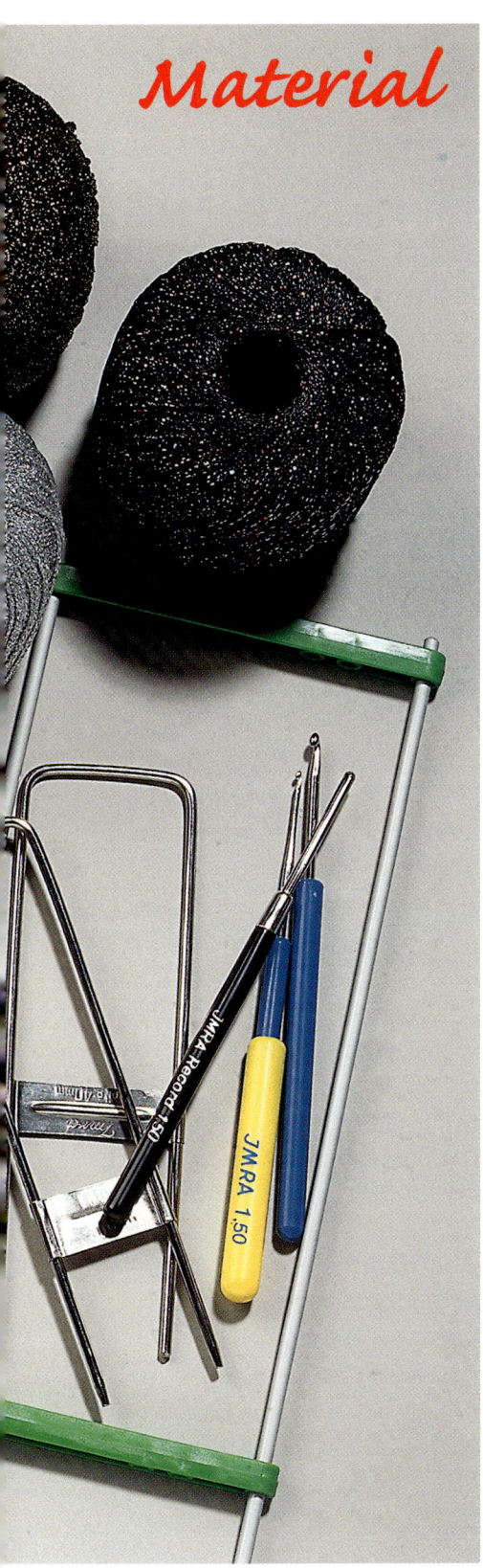

Material

Alle Modelle in diesem Buch sind aus Effekt- oder Baumwollgarn gehäkelt. Besonders weihnachtlich sind die metallisierten Häkel- oder Strickgarne aus Viskose und Polyester, die es mittlerweile nicht nur in Gold und Silber, sondern auch in den verschiedenen Grundfarben gibt. Um einen weiteren Effekt zu erhalten, können Sie zum Häkelgarn noch einen glitzernden Beilauffaden verwenden. Genaue Angaben zu Garnstärke und Farbe finden Sie bei den einzelnen Anleitungen. Falls nicht anders angegeben, reicht ein Strang oder Knäuel für das entsprechende Modell spielend aus. Da Sie für manche kleineren Teile nur sehr wenig Garn benötigen, können Sie natürlich auch in Ihrem Nähkästchen nach Garnresten suchen und davon verwenden, was Ihnen gefällt.

Zum Häkeln brauchen Sie außerdem Woll- oder Garnhäkelnadeln in einer zum Garn passenden Stärke sowie eine Netzgabel, wenn Sie sich am Gabelhäkeln (siehe Seite 10) versuchen möchten.

Die Stiele und Kerzenringe für die Häkelblumen erhalten Sie fertig konfektioniert im Fachhandel: Sie müssen Ihre Häkelblüte nur noch auf dem Stiel befestigen. Oder Sie entfernen von gekauften Seidenblumen die Blütenblätter und setzen Ihre gehäkelten Blumen an deren Stelle.

Um Ihre weihnachtlichen Dekorationen zu gestalten, benötigen Sie außerdem diverse Zubehörteile, die Sie für gewöhnlich im Bastelgeschäft erhalten. Einen Bezugsquellenhinweis finden Sie am Ende des Buches auf Seite 48. Die durchsichtigen Kunststoff-Kugeln, -Sterne, -Glocken etc. eignen sich hervorragend zum Behäkeln, da sie die filigrane Wirkung der Häkelarbeit gekonnt unterstreichen. Die Kunststoff-Formen bestehen für gewöhnlich aus zwei Teilen, so daß Sie Ihren Weihnachtsschmuck vor dem Behäkeln auch mit farbigem Seidenpapier ausstopfen können: Damit verlieren die Formen zwar ihre Transparenz, aber die Häkelmuster sind deutlicher zu erkennen. Besonders schön sind die Kugeln, die innen mit Silber- oder Goldglitter verziert sind, aber auch einfache Styropor-Kugeln lassen sich wunderbar behäkeln (siehe Seite 38).

Für die Aufhängung Ihres Baumschmucks brauchen Sie farblich passende Bänder und eventuell etwas Messingdraht (Ø 0,3 mm). Zur Verzierung habe ich Gold- und Silberperlen in verschiedenen Größen oder auch Sternpailletten verwendet. Weitere Zubehörteile (farbigen Bastelkarton für Grußkarten, Plastikringe zum Behäkeln oder einen großen Drahtstern am Stab) werden bei den Einzelmodellen vorgestellt und beschrieben.

Kleine Häkelschule

Grundmaschen

Anfangsschlinge

Den Faden mit Hilfe der Häkelnadel einmal um sich selbst
schlingen und mit Hilfe des
Häkchens den Faden durch die
Schlinge ziehen, dabei entsteht
eine Luftmasche.

Luftmasche

Mit der Häkelnadel den Faden
einmal durch die Schlinge ziehen. Führt man mehrere Luftmaschen nacheinander aus, so
entsteht eine Luftmaschenkette. Die meisten Häkelteile beginnen mit solch einer Luftmaschenkette. Beginnt eine neue
Runde, wird die erste Masche
durch Luftmaschen ersetzt; die
Anzahl richtet sich nach der
Höhe der ersten Häkelmasche,
bei rechten Maschen sind das
z. B. zwei Luftmaschen, bei
Stäbchen drei usw. In der Häkelschrift sind diese Luftmaschen
auch eingezeichnet.

Kettmasche

Für die Kettmasche sticht man
die Häkelnadel in eine Masche
der Anschlagskette oder der
Vorreihe ein, faßt den Faden
und zieht ihn gleichzeitig durch
beide auf der Nadel liegenden
Schlingen durch.

Feste Masche

Zur Herstellung der festen
Masche sticht man die Nadel in
eine Masche der unteren Reihe,
erfaßt dabei beide Maschen-
glieder, zieht den Faden als
Schlinge durch, legt diesen nochmals um die Nadel und zieht
ihn nun durch beide auf der
Nadel liegenden Schlingen.

Stäbchen

Für das Stäbchen, auch häufig
»einfaches Stäbchen« genannt,
legt man den Faden um die Nadel, sticht diese in eine Masche
der unteren Reihe ein, holt den
Faden als Schlinge durch. Nun
legt man den Faden nochmals
um die Nadel, mascht die
beiden ersten Schlingen zusammen ab und mit einem weiteren
Umschlag die beiden letzten
Schlingen.

Doppelstäbchen

Beim Doppelstäbchen wird der
Faden zweimal um die Nadel
geschlungen, dann in eine
Masche der unteren Reihe ein-
gestochen und der Faden als
Schlinge hindurchgeholt, anschließend werden nacheinander dreimal je zwei Schlingen
zusammen abgemascht.

Dreifach- sowie höhere
Stäbchen

Diese werden in gleicher Weise
wie Doppelstäbchen ausgeführt.
Beim dreifachen Stäbchen wird
der Faden dreimal, beim vier-
fachen viermal um die Nadel
gelegt.
Nach dem Einstechen und
Durchziehen mascht man stets
zwei Schlingen zusammen ab.

Abkürzungen

M	= Masche
Lm	= Luftmasche
Km	= Kettmasche
f.M.	= feste Masche
hStb.	= halbes Stäbchen
Stb.	= Stäbchen
DStb.	= Doppelstäbchen
MS	= Mustersatz

Häkelschriftzeichen

•	= Luftmasche
∧	= Kettmasche
●	= feste Masche
│	= halbes Stäbchen
†	= Stäbchen
‡	= Doppelstäbchen
‡	= Dreifachstäbchen
O	= Pikot (3 Lm + 1 f.M. in die 1. Lm häkeln)
❤ ❦	= 2 bzw. 3 f.M. in eine Einstichstelle

Ⅴ̈ Ⅴ̈ Ⅴ̈	= 1 Stb., 2 Lm, 1 Stb. / 2 Stb., 2 Lm, 2 Stb. / 3 Stb. } in eine Einstichstelle
⊕	= 5 Stb. in eine Einstichstelle, dabei 1. und 5. Stb. mit 1 Km zusammenhäkeln
⬯	= 3 zusammen abgemaschte Dreifachstäbchen in eine Einstichstelle
∧ ∧ ⌂	= 2, 3 bzw. 5 zusammen abgemaschte Stb.
∴• ∴•	= großes Pikot (3 bzw. 5 Lm + 1 Stb. in die 1. Lm häkeln)
ᒍ	= 1 f.M. in die tieferliegende Reihe bzw. Runde häkeln
⟶	= Richtungspfeil
φ	= langgezogene Lm mit aufgehäkelter f.M.

Häkelschrift

Jede Maschenart wird mit einem der oben erklärten Symbole gezeichnet. Der Anfang einer neuen Reihe oder Runde ist in der Häkelschrift mit einer Zahl gekennzeichnet. Die Runden werden von rechts nach links gelesen. Meist gibt ein Pfeil in der Häkelschrift die Häkelrichtung an. Häufig wiederholt sich eine bestimmte Maschengruppierung. Solch ein Abschnitt wird Mustersatz genannt und ist, wenn nötig, durch Pfeile markiert.

Sind Symbole unten zu einer Spitze gezeichnet, werden die entsprechenden Maschen alle in die gleiche Einstichstelle gearbeitet. Sind Symbole oben zu einer Spitze gezeichnet, werden die entsprechenden Maschen zusammen abgemascht. Das bedeutet: Jede Masche bis auf die letzte Schlinge abhäkeln und mit einem weiteren Umschlag alle auf der Häkelnadel befindlichen Schlingen zusammen abmaschen.

Für Maschen, die über Luftmaschen oder Luftmaschenbogen gezeichnet sind, sticht man nicht in die Luftmaschen ein, sondern häkelt um die Luftmaschenkette.

Jagdtaschenknoten

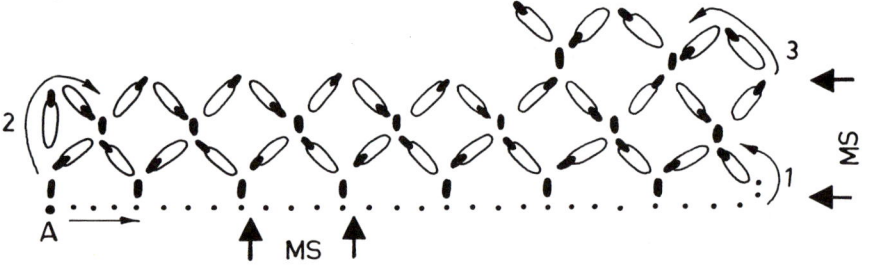

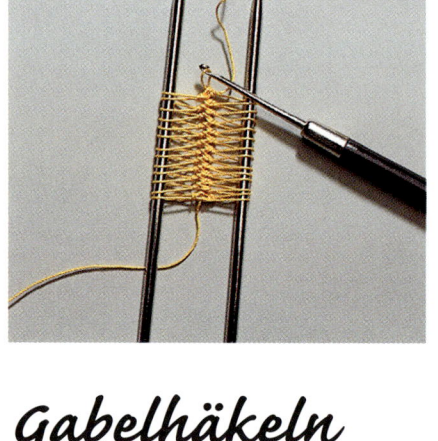

Der Jagdtaschenknoten, auch Liebesknoten genannt, ist eine alte Häkeltechnik, die völlig zu unrecht in Vergessenheit geraten ist. Sie eignet sich sehr gut zum Behäkeln von Christbaumkugeln, aber auch zur Anfertigung von Schals, Dreiecktüchern oder Mützen.

Mit einer Luftmaschenkette bei A beginnen. Pro MS werden 4 Lm gehäkelt. Wenden. Die letzte Lm hält man zwischen dem linken Daumen und dem Mittelfinger fest, häkelt eine weitere Lm und zieht sie zur gewünschten Länge (ca. 0,5 bis 1 cm). Dann 1 f.M. häkeln: das Maschenglied für die f.M. erhält man durch Einstechen in den einzelliegenden unteren Faden der langgezogenen Lm (Abb. 1).
Eine weitere langgezogene Lm und 1 f.M. in die 4. Lm der Luftmaschenkette vom Anfang häkeln (Abb. 2).

In den folgenden Reihen wird diese f.M. auf die f.M. zwischen den beiden langgezogenen Lm der darunterliegenden Reihen gehäkelt (Abb. 3).

Gabelhäkeln

Die Gabel und der Anfang der Borte (die Mitte, die »Rippe« oder die »Raupe«) werden von der linken Hand gehalten. Die rechte Hand führt die Häkelnadel, mit der zu Beginn die Anfangsschlinge auszuführen ist. Dazu bildet man eine lockere Lm, verlängert sie zu einer Schlinge auf die halbe Breite der Gabel und hängt sie in den linken Stab der Gabel so ein, daß der Schlingenknoten in der

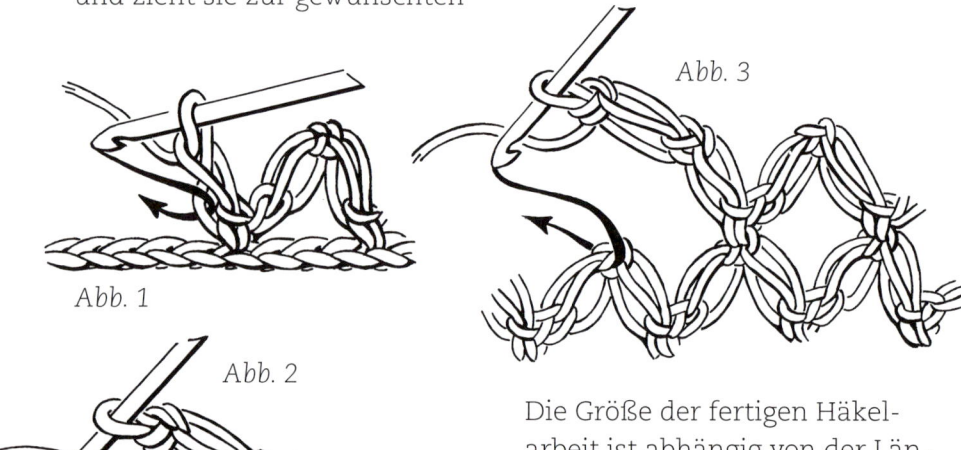

Abb. 3

Abb. 1

Abb. 2

Die Größe der fertigen Häkelarbeit ist abhängig von der Länge der langgezogenen Lm, der Anzahl der MS in der Breite und der Anzahl der Reihen in der Höhe.

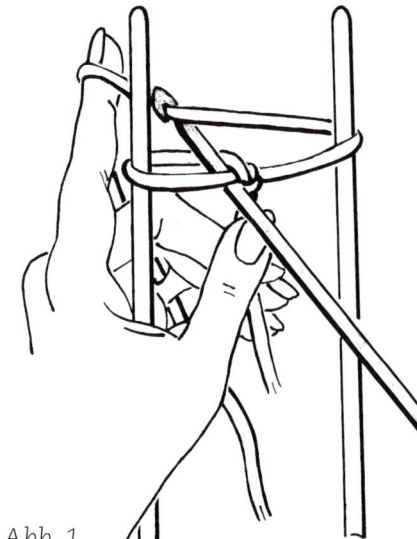

Abb. 1

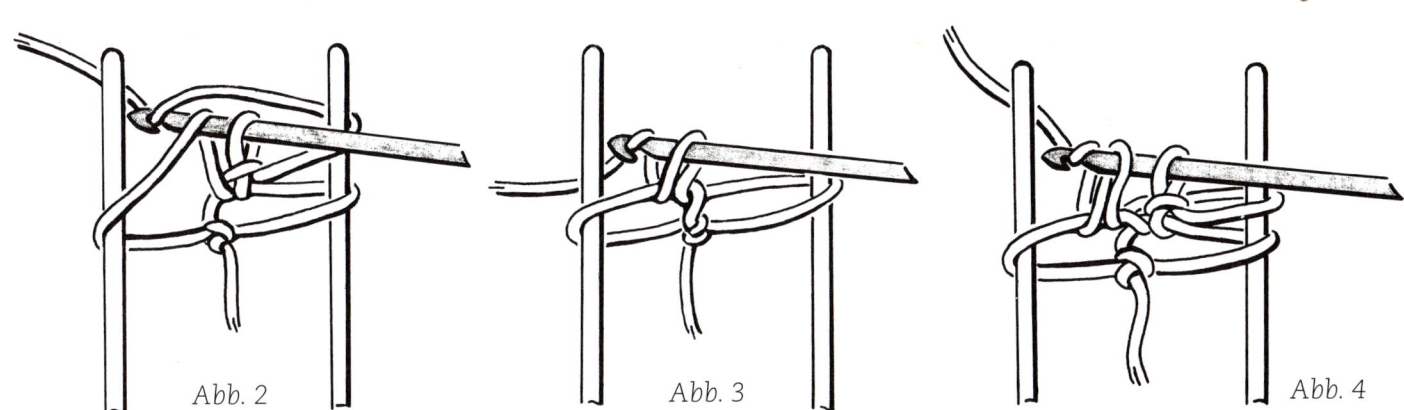

Abb. 2   Abb. 3   Abb. 4

Mitte liegt. Dann den Faden von vorne um den rechten Stab der Gabel nach hinten legen. Mit der Häkelnadel durch die Schlinge stechen, den Faden greifen (Abb. 1) und durchziehen, einen Umschlag bilden und eine Lm häkeln (Abb. 2).
* Die Gabel von rechts nach links drehen, dabei die Häkelnadel über die Gabel hinweg wieder nach vorne heben, mit der Häkel-

nadel von unten nach oben in die linke Schlinge einstechen, den Faden holen, durchziehen (Abb. 3), dann mit einem Umschlag den Faden durch die zwei auf der Häkelnadel liegenden Schlingen ziehen (Abb. 4)*, den Vorgang von * bis * fortlaufend wiederholen, dabei mit der Häkelnadel immer von unten nach oben in die zuletzt gearbeitete linke Schlinge einstechen.

Wichtig ist, daß die Gabel immer in der gleichen Richtung, also von rechts nach links gedreht wird.
Um Rundungen zu bilden, werden alle Schlingen einer Gabelseite mit einem Faden zusammengezogen (Abb. 5); dann verbindet man Anfang und Ende der Mittelrippe durch eine KM oder eine f.M. miteinander (Abb. 6).

Abb. 5

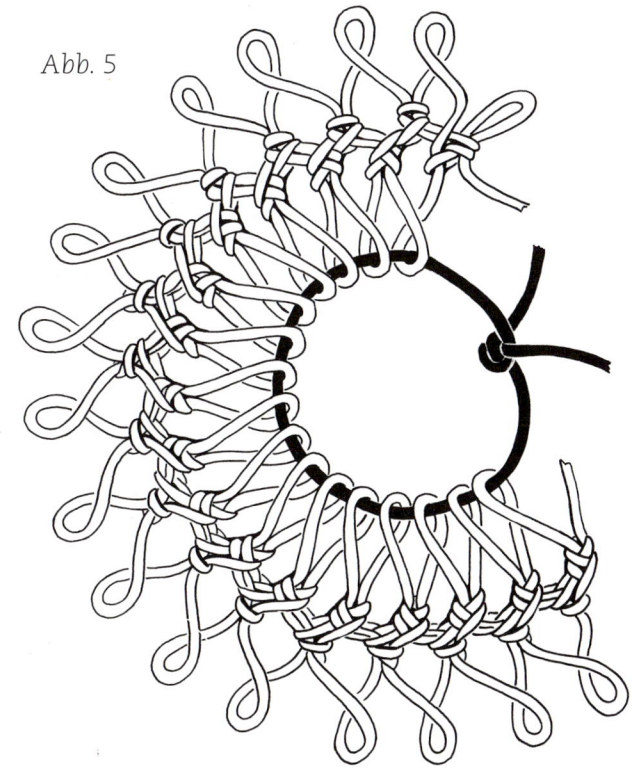

Abb. 6

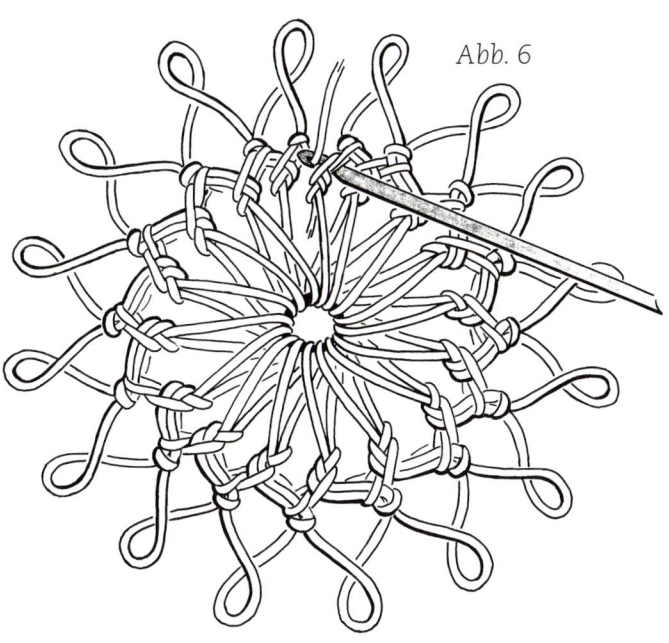

Weihnachtliche Blumen

Eine Blüte besteht aus Kelch, Kelchblättern, Narbe (Mitte) und Staubgefäßen. Nehmen Sie den gekauften Stiel vorsichtig auseinander. Die Narbe, evtl. auch die Staubgefäße, montieren Sie in die Mitte der gehäkel-ten Blüte (Luftmaschenkette), ziehen den Anfangsfaden fest zusammen und verstechen ihn. Nun setzen Sie die Blüte in den Blütenkelch ein, schieben alles fest ineinander und befestigen die fertige Blüte auf dem Stiel.

Lassen Sie den Anfangsfaden bei Beginn der Luftmaschen-kette stets etwas länger hän-gen, damit Sie daran später die Blüte befestigen können.

Phantasieblume »Sterntaler«

Material

- Häkelgarn *Jabara* von *Madeira* in verschiedenen Goldtönen (Fb 724, 725, 751) und in Weiß (Fb 700)
- Häkelnadel Nr. 1,75
- Blütenstiel »Weihnachtsstern« mit sechs Blüten

Ausführung

7 Lm mit 1 Km zum Ring schließen.

1. Runde:
In den Lm-Ring 18 Stb. häkeln (1. Stb. wird durch 3 Lm ersetzt), mit Km schließen.

2. Runde:
3 Lm, 1 Noppe = 5 Stb. in die gleiche Masche der 1. Runde häkeln, die Häkelnadel aus der Masche nehmen, in das 1. Stb. bzw. die 3. Lm am Anfang einstechen und mit einer Km zusammen abmaschen (= bündeln). Dann vor der nächsten Noppe ein Pikot (= 3 Lm, 1 f.M. in die 1. Lm) arbeiten.

Nun die nächste Noppe, d.h. 5 Stb. häkeln, Nadel herausnehmen, in das 1. der 5 Stb. einstechen und mit 1 Km bündeln, 1 Pikot usw.

Auf alle 18 Stb. der 1. Runde Noppen und Pikots häkeln, mit 1 Km schließen.

Tip

In der ersten Runde können Sie statt Stb. auch DStb. oder f.M. häkeln. Genauso können Sie die Bündelmaschen-Noppe aus DStb. arbeiten. Die Größe der Blumen ist damit sehr variabel zu verändern. Die goldenen Blüten auf dem Foto wurden mit 18 Stb. in der 1. Runde gearbeitet, die weißen Blüten mit 18 DStb.

Blütenring »Sterntaler«

Material

- Häkelgarn *Jabara* von *Madeira* in Gold (Fb 725)
- Häkelnadel Nr. 1,75
- Kerzenring »Weihnachtsstern«, gold

Ausführung

6 Lm mit 1 Km zum Ring schließen.

1. Runde:
12 f.M. in den Lm-Ring häkeln.

2. Runde:
Auf die 12 f.M. 12 Noppen aus jeweils 5 DStb. arbeiten, unterbrochen jeweils von 1 Pikot. (Genaue Ausführung der Noppen, siehe oben.)

13

Christrose

Material

- Häkelgarn *Jabara* von *Madeira* in Weiß (Fb 700)
- Beilauffaden *Metallic* von *Madeira* in Rosa (Fb 404)
- Häkelnadel Nr. 1,75
- Blütenstiel »Christrose« mit zwei Blüten

Wenn Sie zu dem weißen Häkelgarn einen rosafarbenen Beilauffaden nehmen, wird die Christrose rosa (siehe Foto)!

Ausführung

8 Lm mit 1 Km zum Ring schließen.

1. Runde:
20 Stb. in Lm-Ring häkeln, mit
Km schließen.

2. Runde:
5 Lm im Wechsel mit 1 f.M. auf
jedes 4. Stb. häkeln (= 5 Schlingen).

3. Runde:
Auf jede Schlinge 8 Stb. häkeln
(= 5 Blütenblätter), zwischen
den Blättern je 1 Lm.

4. Runde:
Die Stb. verdoppeln: In jedes Stb.
der 3. Runde 2 Stb. (= 16 Stb. pro
Blütenblatt), auf jede Lm 1 f.M.

5. Runde:
Jedes 2. Stb. verdoppeln: Abwechselnd 1 Stb. und 2 Stb. auf
die Stb. der 4. Runde häkeln
(= 24 Stb. pro Blütenblatt), auf
jede f.M. wieder 1 f.M.

6. Runde:
Auf jedes Stb. der 5. Runde
1 Stb. häkeln, allerdings auf das
erste und letzte Stb. nur 1 hStb.
Auf jede f.M. 1 Km.

Ersetzen Sie wie gewohnt die
Anfangsmaschen durch Lm.
Jede Runde wird mit 1 Km ge-
schlossen (keine Spiralrunden!).

Fertigstellung

Beim Einsetzen der Blüten in die
Stiele wölben Sie die Blättchen
nach hinten, die Ecken mit den
f.M. nach vorne.

Blütenring »Christrose«

Material

◆ Häkelgarn *Jabara* von *Madeira* in Weiß (Fb 700)
◆ Beilauffaden *Metallic* von *Madeira* in Rosa (Fb 404)
◆ Häkelnadel Nr. 1,75
◆ Kerzenring »Christrose«

Ausführung

7 Lm mit Km zum Ring
schließen.

1. Runde:
15 f.M. in den Lm-Ring häkeln,
mit 1 Km schließen.

2. Runde:
Abwechselnd 2 Stb., 2 Stb.,
1 Stb. auf die f.M. der 1. Runde
(= 5 Blütenblätter aus jeweils
5 Stb.), zwischen den Blättern
jeweils 1 Lm.

3. Runde:
Die Stb. verdoppeln: In jedes
Stb. der 2. Runde 2 Stb. (= 10 Stb.
pro Blütenblatt), auf jede Lm
1 f.M.

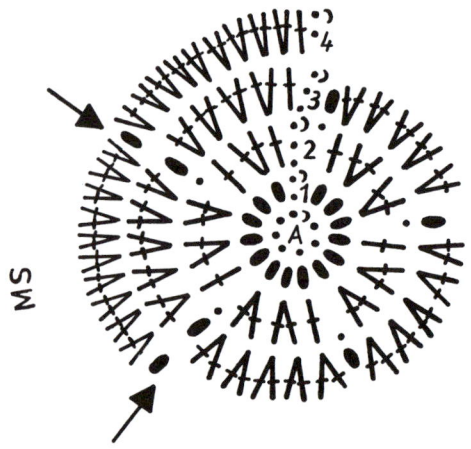

SW

4. Runde:
Die Stb. verdoppeln: In jedes
Stb. der 3. Runde 2 Stb. häkeln,
allerdings das erste und letzte
Stb. eines Blütenblatts nur als
hStb. Auf jede f.M. wieder 1 f.M.

Ersetzen Sie wie gewohnt die
Anfangsmaschen durch Lm.
Jede Runde wird mit 1 Km ge-
schlossen (keine Spiralrunden!).

Fertigstellung

Die Blüten müssen erst in Form
gebracht werden: dafür die einzelnen Blütenblätter nach hinten, die Ecken mit den f.M. nach
vorne ziehen. Für mehr Stabilität können Sie die Blüten auch
mit Kleber auf dem Kerzenring
befestigen.

Forsythie

Material

◆ Häkelgarn *Jabara* von *Madeira* in Gold (Fb 725)
◆ Häkelnadel Nr. 1,75
◆ Blütenzweig

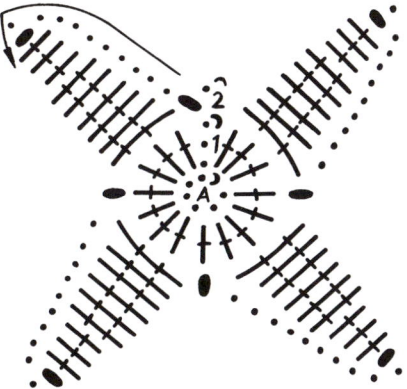

Ausführung

6 Lm mit 1 Km zum Ring schließen.

1. Runde:
In den Lm-Ring 16 Stb. häkeln, mit 1 Km schließen.

2. Runde:
Auf die Km 1 Lm und 1 f.M. häkeln. Auf die f.M. 10 Lm häkeln und auf den Lm (von 10 bis 1) zurückgehend 1 f.M., 3 Stb. und 5 DStb. arbeiten. Ein letztes (6.) DStb. wird wieder in die f.M. gearbeitet, dabei in das vordere Maschenglied und schräg in den Körper der f.M. einstechen. 3 Stb. der 1. Runde überspringen, in das 4. Stb. 1 f.M. und das 2. Blütenblatt entsprechend arbeiten. Insgesamt erhalten Sie

so pro Blüte 4 Blättchen, von denen sich jeweils 2 gegenüberliegen.

Fertigstellung

Die Blüten in die Kelche einsetzen, eventuell stärken und am Stiel leicht nach unten biegen.

Tip

Sie können einer Forsythienblüte auch 5 Blätter geben, indem Sie in der 2. Runde einmal 2, einmal 3 Stb. der 1. Runde überspringen.

Der Barbara-Zweig

Der Tag der Heiligen Barbara, der 4. Dezember, nimmt unter den Adventsbräuchen eine besondere Stellung ein. An diesem Tag werden Zweige von der Forsythie oder einem ähnlich frühblühenden Baum oder Strauch geschnitten und in die Vase gestellt, damit sie zu Weihnachten blühen. Der blühende Barbara-Zweig steht im volkstümlichen Glauben als Symbol dafür, daß in der Heiligen Nacht Bäume und Pflanzen blühen und Früchte tragen.

Tip

Wenn Sie am Barbara-Tag mit der Häkelei beginnen, können Sie sich zu Weihnachten am blühenden Barbara-Zweig erfreuen!

Chrysanthemen

Material

- Perlgarn von *Madeira,* Stärke 5, in Weiß (Fb 2401)
- Häkelnadel Nr. 2,0
- Blütenstiel »Chrysantheme« von *Knorr*

Ausführung

7 Lm mit 1 Km zum Ring schließen.

1. Runde:
In den Lm-Ring 15 Stb. häkeln, mit 1 Km schließen.

2. Runde:
Nur in das vordere Maschenglied der Stb. einstechen!

1 f.M. und 8 Lm häkeln. Auf den Lm (von 8 bis 1) zurückgehend 1 f.M., 3 hStb. und 3 Stb. arbeiten. Ein letztes (4.) Stb. wird in die f.M. gehäkelt, dabei von der Seite in den Körper der f.M. einstechen.
Vorgang wiederholen bis zum letzten (15.) Stb. der 1. Runde (= 15 Blütenblätter).

3. Runde:
1 Lm häkeln, Faden nach hinten ziehen und 1 f.M. in das hintere Maschenglied des 1. Stb. der 1. Runde.
Jetzt nur noch in das hintere Maschenglied der Stb. einstechen!
1 f.M. und 9 Lm häkeln. Auf den Lm (von 9 bis 1) zurückgehend 1 f.M., 4 hStb. und 3 Stb. arbeiten. Ein letztes (4.) Stb. wird in die f.M. gehäkelt, dabei von der Seite in den Körper der f.M. einstechen.
Vorgang wieder 14 x wiederholen.

Fertigstellung

Die Blütenknospe dieses Stiels wird nicht verwendet, knipsen Sie sie daher mit einer Zange ab. Setzen Sie die gehäkelte Blüte mit dem Blütenknoten auf den Stiel auf; dabei biegen Sie die Drahtschlinge etwas zusammen. Für mehr Stabilität können Sie die Blüten auch leicht ankleben.

Farbvariante

Sie können auch zweifarbige Chrysanthemen arbeiten, indem Sie nach der 2. Runde die Farbe wechseln. Für die rote Chrysantheme auf dem Foto habe ich das Stickgarn *Mouliné* von *Madeira* verwendet (Fb 0514, 0411) und einen goldenen Beilauffaden.

Phantasieblume »Goldstern«

Material

- Häkelgarn *Lamé* von *Madeira* in Gold-schwarz (Fb 551)
- Häkelnadel Nr. 2,0
- Kerzenring »Weihnachtstern«, gold

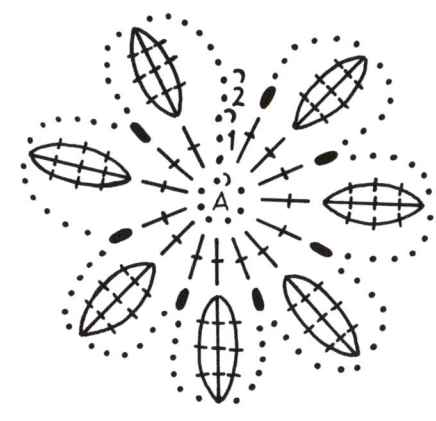

Ausführung

7 Lm mit 1 Km zum Ring schließen.

1. Runde:
15 Stb. in den Lm-Ring häkeln.

2. Runde:
Auf die 15 Stb. wie folgt häkeln:
1. Stb.: 1 f.M. und 6 Lm

2. Stb.: 3 Dreifach-Stb., zusammen abgemascht
3. Stb.: 6 Lm, 1 f.M. und 6 Lm
4. Stb.: 3 Dreifach-Stb., zusammen abgemascht
5. Stb.: 6 Lm, 1 f.M. und 6 Lm
usw.
Auf das letzte (15.) Stb. 6 Lm und 1 f.M. häkeln und mit einer Km enden (= 7 Blütenblätter).

Fertigstellung

Die Blüten leicht stärken und auf dem Kerzenring anbringen.

Weihnachtsstern

Material

- Perlgarn von *Madeira*, Stärke 5, in Weiß (Fb 2401) und Rot (Fb 0210)
- Beilauffaden *Spectra* von *Madeira* in Silber (Fb 542) und Rot (Fb 515)
- Blütenpick »Weihnachtsstern« von *Knorr*, 25 cm lang
- Häkelnadel Nr. 1,75

Ausführung

6 Lm mit 1 Km zum Ring schließen. (Einen langen Anfangsfaden hängen lassen!)

1. Runde:
8 Stb. im Wechsel mit jeweils 2 Lm häkeln. Zuletzt mit 2 Lm und 1 Km an die 3. Lm des Rundenanfangs anschlingen.

2. Runde:
1 f.M. auf die Km der 1. Runde. 6 Lm häkeln, mit 2 Lm wenden, zurückgehend auf die 6. bis 1. Lm 1 f.M., 1 hStb., 2 Stb., 2 DStb. arbeiten. Abschließen mit 1 f.M. auf das nächste Stb. der 1. Runde. Diese Blütenblätter insgesamt 8 x ausführen.

Fertigstellung

Jede Blüte an den Spitzen mit
Stecknadeln fixieren, 2 – 3 x
mit Sprühstärke besprühen und
trocknen lassen. Gehäkelte
Blüte auf den Blütenkelch des
Stiels setzen und Anfangsfaden
zusammenziehen. Blättchen
etwas nach oben biegen.

Tip

*Einige Blüten habe ich mit einem
Beilauffaden gearbeitet (silbern zu
weißem, rot zu rotem Perlgarn).*

3. Runde:
2 Lm, 1 f.M. hinter dem 1. Blütenblatt der 2. Runde auf die
2 Lm der 1. Runde arbeiten.
8 Blütenblätter häkeln wie in
der 2. Runde beschrieben, dabei
die f.M. jeweils auf die 2 Lm der
1. Runde setzen.

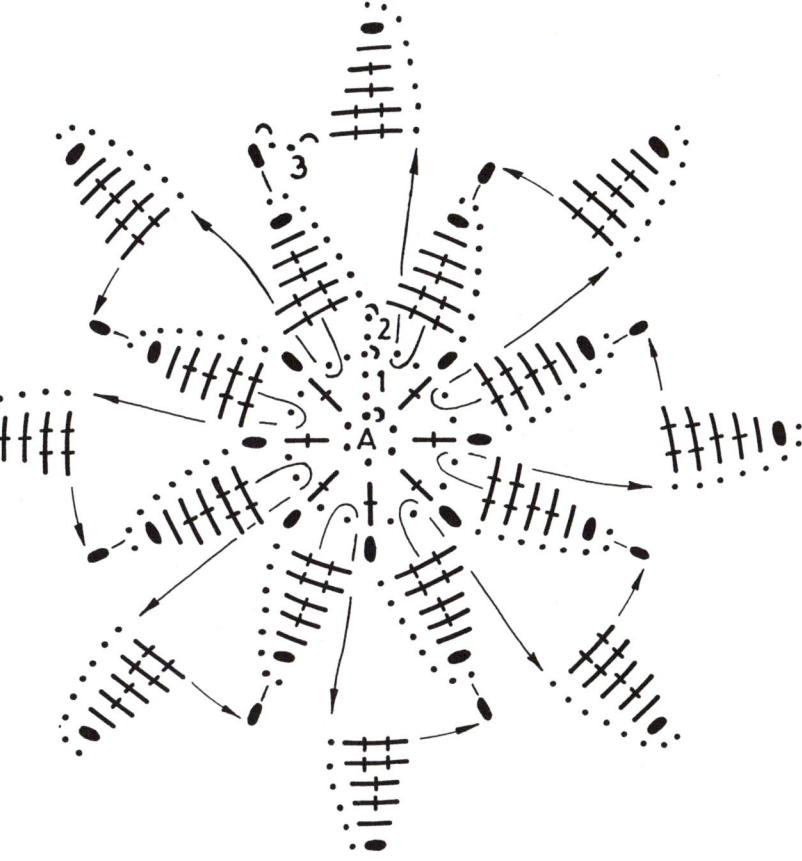

Festliche Tischdekoration

Tischband »Rosette«

Material

- Häkelgarn *Nora* von *Madeira* in Silber (Fb 342) und in Gold (Fb 324)
- Häkelnadel Nr. 2,5 – 3,0

Ausführung

Arbeiten Sie jede Rosette in Runden nach Häkelschrift und verbinden Sie die einzelnen Teile mit Km an den bezeichneten Stellen. Tischband spannen, anfeuchten und trocknen lassen.

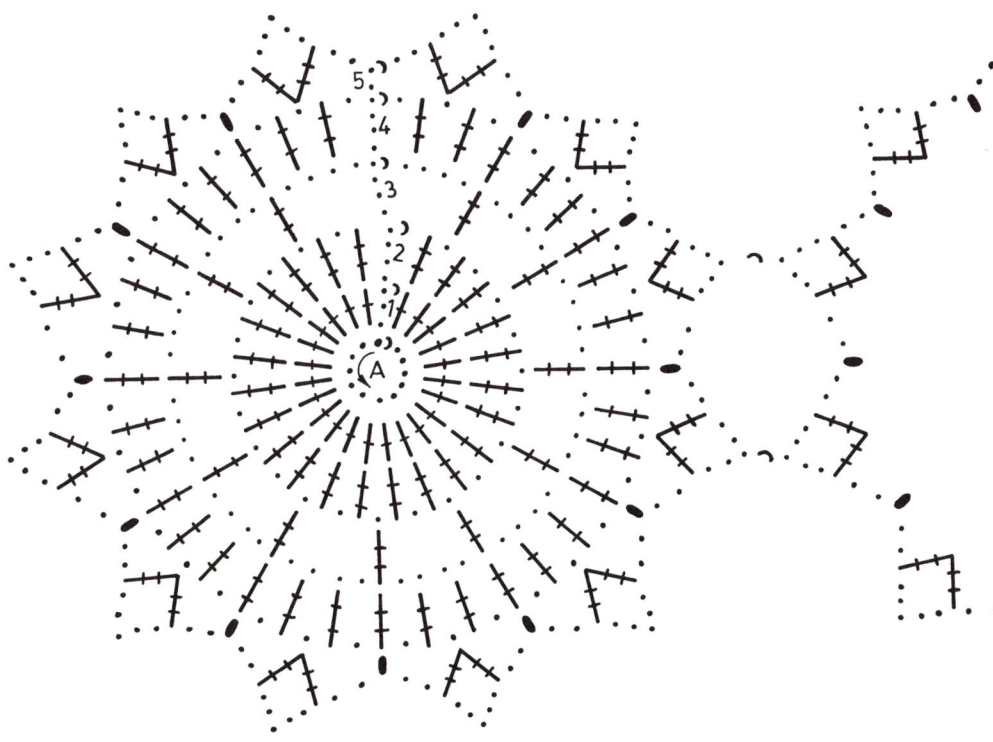

Tischband »Symmetrie«

Material

◆ Häkelgarn *Nora* von *Madeira* in Blau (Fb 338), Grün (Fb 358) oder Gold (Fb 324)
◆ Häkelnadel Nr. 2,5 – 3,0 (Pro Band benötigen Sie etwa 2 Knäuel Garn.)

Ausführung

Bei A mit Lm-Kette beginnen. Da dieses Modell in einem Stück gearbeitet wird, müssen Sie schon vor der Ausführung entscheiden, wie lange das Tischband werden soll und den Maschenanschlag entsprechend berechnen. Man benötigt 11 Lm pro MS sowie für den Anfang des Bandes 14 Lm. Die Häkelschrift zeigt 2 MS zwischen Anfang und Ende. Ein MS ist ca. 5 cm breit.

Es wird in Runden gehäkelt, d.h. ab der 1. Runde wird die Lm-Kette von beiden Seiten behäkelt, die Runden jeweils durch 1 Km am Ende geschlossen. 1. – 7. Runde nach Häkelschrift arbeiten. In der 7. Runde die Lm-Kette in Bogen legen und die f.M. hinter den Lm-Bogen in die darunterliegende f.M. der 6. Runde einstechen (siehe Pfeil). 2 Lm häkeln und den Bogen mit 7 f.M. umhäkeln. Zum Schluß noch 1 f.M. in die f.M. der 6. Runde setzen.
Das fertige Tischband spannen, anfeuchten und trocknen lassen.

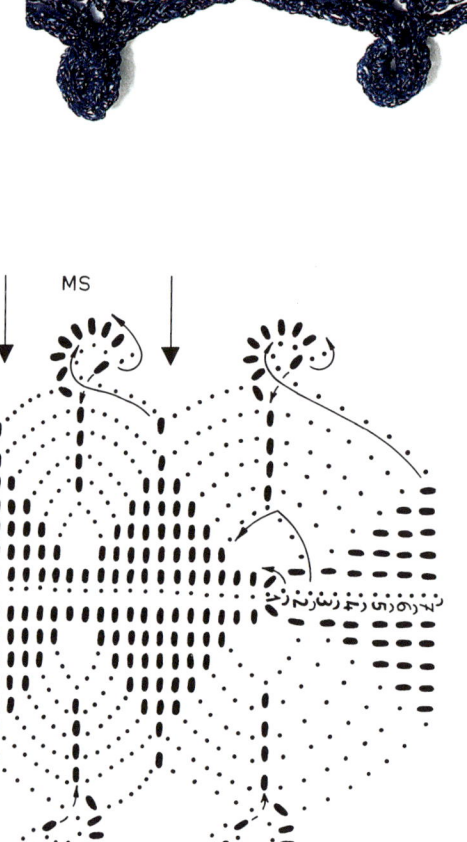

Anhäkeldeckchen

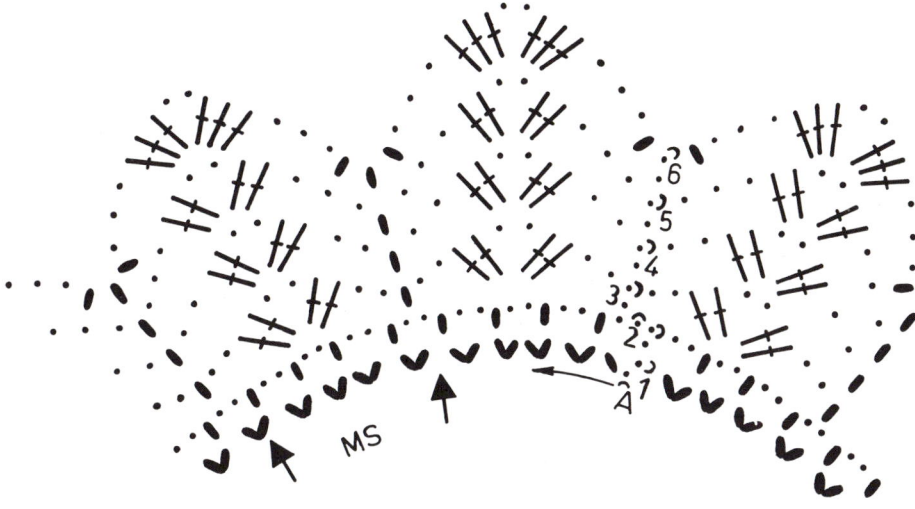

Material

◆ Anhäkeldeckchen mit vor-
gefertigtem Lochrand, rund
(Ø 12 cm) von *Junghans*
◆ Häkelgarn *Jabara* von *Madeira*
in Gold (Fb 725)
◆ Häkelnadel Nr. 1,75

Ausführung

1 Runde f.M. in die Lochkante
häkeln (in jedes Loch 1 f.M.).
Danach in Runden nach Häkelschrift arbeiten. Deckchen
spannen, befeuchten und trocknen lassen.

Omas Häkelrosette

Diese Rosetten sind je nach Lust und Ausdauer sehr variabel einsetzbar: Sie eignen sich für eine Stola, für große und kleine Decken, als Kissenplatte usw. Sie können verschiedene Garne verwenden (feines Baumwollgarn, Perlgarn, Lurexfaden etc.) und auch Häkelnadeln verschiedener Stärke. Hier einige weihnachtliche Varianten dieses vielseitigen Häkelmotivs:

schmuck-anhänger

Material

◆ Verschiedene Garnreste nach Wunsch
◆ Häkelnadel Nr. 1,75 oder 1,50
◆ Perlen

Ausführung

10 Lm mit 1 Km zum Ring schließen.
In diesen Lm-Ring 8 x 4 zusammen abgemaschte Dreifach-Stb. im Wechsel mit 8 Lm häkeln. Runde mit 1 Km schließen.
Mit f.M. umhäkeln, nach Wunsch auch in einer anderen Farbe. Anfang und Ende des Umhäkelfadens zum Anhänger verknoten, eine Perle einarbeiten und mit Sprühstärke festigen.

Buchzeichen

Material

- Häkelgarn *Jabara* von *Madeira* in Gold (Fb 724)
- Häkelgarn *Metallic* von *Madeira* in Lila (Fb 312)
- Häkelnadel Nr. 1,75

Ausführung

10 Lm mit 1 Km zum Ring schließen.

In diesen Lm-Ring 8 x 4 zusammen abgemaschte Doppel-Stb im Wechsel mit 8 Lm häkeln. Runde mit 1 Km schließen.

5 – 6 Rosetten in einer Reihe aneinanderhäkeln: Für das Anschlingen an die folgende Rosette häkelt man statt der 8 Lm nur 4 Lm, 1 Km um den anzuschlingenden Lm-Bogen und wieder 4 Lm.

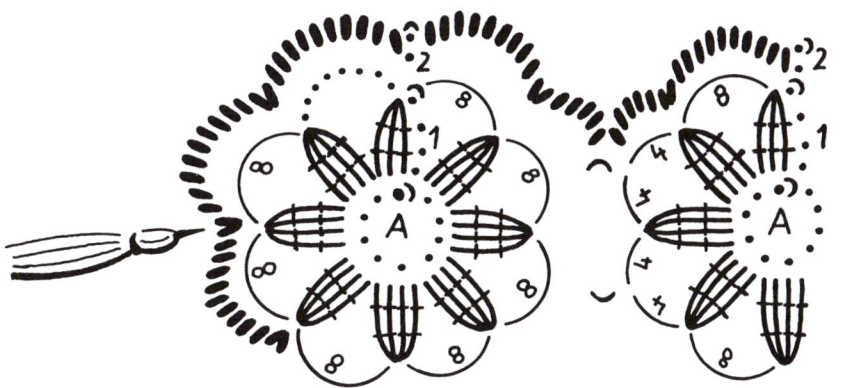

Dieses Rosettenband wird wie folgt mit f.M. umhäkelt: 9 f.M. um die 8 Lm, dazwischen 2 f.M. In die 4 Lm zwischen den Rosetten nur 5 f.M. arbeiten. Eine Franse abbinden und an einem Ende annähen.

FESTLICHE TISCHDEKORATION

Glückwunsch-karten

Material

◆ Verschiedene Garn- und Stoff-
reste nach Wunsch
◆ Häkelnadel Nr. 1,75
◆ Farbige Karten, DIN A6,
mit rundem oder eckigem
Ausschnitt

Ausführung

10 Lm mit 1 Km zum Ring
schließen.
In diesen Lm-Ring 8 x 3 zusam-
men abgemaschte Dreifach-Stb.
im Wechsel mit 8 Lm häkeln.
Runde mit 1 Km schließen.
Die Rosette in einer anderen
Garnfarbe mit f.M. umhäkeln.
Rosette auf einen farblich pas-
senden Stoffrest aufkleben.
Rund um den Ausschnitt der
gewünschten Karte auf der
Karteninnenseite Klebstoff auf-
bringen, Stoff einlegen und die
Innenseite der Karte mit Karton
bekleben.

umhäkeln. Dazu einen Faden *Metallic* und einen Faden *Spectra* verwenden. Je nach Buchstabe muß mit Km vor- und zurückgestochen werden, um zur nächsten Drahtstelle zu gelangen. Die Fadenenden vernähen.

> **Tip**
>
> *Umhäkelte Namen wirken bezaubernd, auf Tischkärtchen geklebt oder an Päckchen gehängt.*
> *Und wenn Sie eine CD verschenken möchten, eignet sich ein Notenschlüssel als Geschenkanhänger.*

Geschenk-anhänger

Material

◆ Kupfer- oder Silberdraht, 1 mm stark
◆ Beilauffaden *Metallic* Nr 10 von *Madeira* in Gold (Fb 325), Rot (Fb 315) und Grün (Fb 357)
◆ Beilauffaden *Spectra* von *Madeira* in Gold (Fb 525), Rot (Fb 515) und Grün (Fb 557)
◆ Häkelnadel Nr. 1,25
◆ 1 Zange

Ausführung

Die gewünschte Form (Namen oder ähnliches) aus Draht biegen. Anschließend mit f.M.

Serviettenringe mit Stern

Material

- Häkelgarn *Jabara* von *Madeira* in Gold (Fb 725)
- Häkelnadel Nr. 1,75
- Plastikringe, Ø 4 cm
- Goldperlen, Ø 6 mm

Ausführung

6 Lm mit 1 Km zum Ring schließen.

1. Runde:
6 x 3 Stb., dazwischen 6 x 3 Lm in den Lm-Ring häkeln, mit 1 Km schließen.

2. Runde:
Auf die 3 Stb. der 1. Runde 3 Stb häkeln und zusammen abma-schen, dazwischen 5 Lm. Mit 1 Km zur Runde schließen.

3. Runde:
Auf die zusammen abgemasch-ten Stb. der 2. Runde 1 Stb. hä-keln, dazwischen 5 Lm, 1 f.M. in den Lm-Bogen der 1. Runde, 5 Lm. Mit Km zur Runde schlie-ßen.

4. Runde:
Auf jede Schlinge 4 f.M. häkeln, auf die f.M. 1 Km, auf die Stb. 1 f.M. und 1 Pikot (3 Lm und 1 f.M. auf die 1. f.M.). Plastikring mit f.M. umhäkeln.

Fertigstellung

Stern spannen und mit Sprüh-stärke stärken.
Den Stern auf den umhäkelten Ring nähen und dabei eine Gold-perle auffädeln.

Farbvariante

Für den silbernen Serviettenring verwenden Sie *Jabara* in Silber (Fb 742) für den Stern und Sil-ber-Schwarz (Fb 760) für den Ring sowie eine silberne Perle als Verzierung.

Sternsinger-Stab

Material

- Drahtstern am Stab, Ø 20 cm
- Häkelgarn *Nora* von *Madeira* in Gold (Fb 324)
- Beilauffaden *Spectra* von *Madeira* in Silber (Fb 542)
- Häkelnadel Nr. 2,5
- Sticknadel
- Goldene Perlen, Ø 12 mm
- Messingdraht, Ø 0,3 mm

Ausführung

10 Lm mit 1 Km zum Ring schließen.

1. Runde:
5 x 3 zusammen abgemaschte Dreifach-Stb., im Wechsel mit jeweils 6 Lm in den Ring häkeln.

2. Runde:
4 Stb., 6 Lm, 4 Stb. in die Lm der 1. Runde, dabei die Dreifach-Stb. übergehen.

3. Runde:
Stb. in die Stb. der Vorrunde häkeln, in die 6 Lm jeweils 3 Stb., 6 Lm, 3 Stb. arbeiten (= Sternenspitze). An den Zackentiefpunkten jeweils die beiden mittleren Stb. zusammen abmaschen.

4. Runde:
Stb. in die Stb. der Vorrunde häkeln, in die 6 Lm jeweils 3 Stb., 6 Lm, 3 Stb. arbeiten. An den Zackentiefpunkten jeweils die beiden mittleren Stb. zusammen abmaschen.

5. Runde:
F.M. in alle Stb. und Lm (7 f.M. in die Lm an der Sternspitze) der 4. Runde. Am Tiefpunkt der Zacke 2 f.M. zusammen abmaschen.

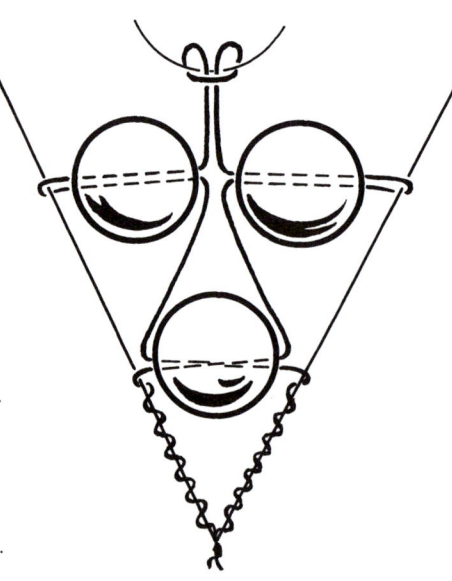

Fertigstellung

25 cm Messingdraht zur Hälfte legen und ähnlich einer Franse an eine gehäkelte Sternspitze anschlingen. Auf jedes Draht-ende 1 Perle schieben, einmal an einer Spitze des Drahtsterns festschlingen, dann jedes Ende wieder zurück durch die jeweilige Perle schieben, anziehen. Nun eine 3. Perle auf die Draht-enden schieben, doch jetzt in entgegengesetzter Richtung jedes Drahtes, d.h. die Draht-enden kreuzen sich in der Perle. Drähte beidseitig am Drahtstern mehrmals anschlingen und an der Spitze die beiden Drähte verdrillen.

So werden alle fünf gehäkelten Sternspitzen mit Perlen in dem Drahtstern befestigt.

Garn *Nora* doppelt in eine Stick-nadel einfädeln. Mit Knopfloch-stich den Drahtstern umstechen, dabei stets mit einem Stich die Zackentiefpunkte des Häkel-sterns mitfassen. Zum Schluß Drahtstern mit *Spectra*-Faden umwickeln.

Tip

Zu diesem klassischen, fünfzacki-gen Stern inspirierten mich die geschmückten Stäbe, die die stern-singer in der Vorweihnachtszeit mit sich führen. Wenn sie den Drahtstern ohne Stab verwenden, eignet er sich wunderbar als schmuck für das weihnachtliche Fenster.

Christbaumschmuck

Adventskalender aus Herzen

Material

- Häkelgarn *Nora* von *Madeira* in Rot (Fb 315) und Grün (Fb 358) – Ein Knäuel reicht ca. für drei Doppelherzen.
- Häkelnadel Nr. 2,5
- Bändchen *Carat* von *Madeira* in Gold (Fb 425), ca. 50 cm pro Herz
- Fotokarton in Gold
- Locher

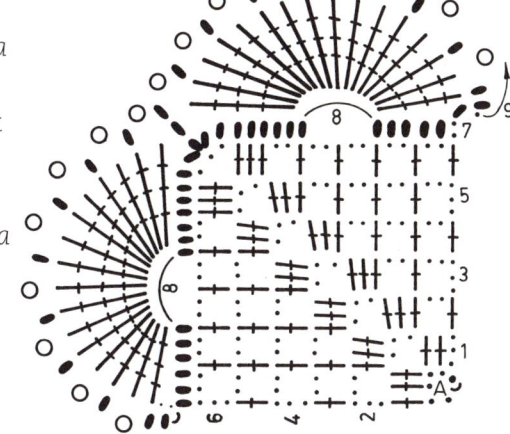

Ausführung

6 Lm mit 1 Km zum Ring schließen.
3 Stb., 3 Lm, 3 Stb. in diesen Ring häkeln. Wenden mit 5 Lm. Weiter im Filetgittergrund (siehe Häkelschrift), dabei an jeder Seite jeweils 1 Filetkästchen mehr arbeiten, bis ein Häkelquadrat mit 7 Filetkästchen an der Seite entstanden ist. In der Mitte stets 3 Stb., 3 Lm, 3 Stb. häkeln.
Wenn die Höhe erreicht ist, 2 Lm häkeln, wenden, auf die beiden äußeren Filetkästchen f.M. häkeln, 8 Lm, 2 Filetkästchen überspringen, wieder f.M. in das fünfte Kästchen, auf die 3 Stb. und in die Mitte (5 f.M.) häkeln. Zweite Seite spiegelverkehrt arbeiten.
Nun wieder wenden mit 2 Lm. 16 Dreifach-Stb. in die 8 Lm der Vorreihe häkeln, auf die mittlere der 5 f.M. der Vorreihe 1 f.M.

häkeln, die andere Seite spiegelverkehrt arbeiten.
1 Lm und wenden. 2 f.M., 8 Pikots auf die 16 Dreifach-Stb. arbeiten (1 Pikot = 3 Lm, 1 Stb. auf die 1. Lm), zwischen den Pikots in jedes 2. Dreifach-Stb. 1 f.M. häkeln. Die andere Seite spiegelverkehrt arbeiten.

Fertigstellung

In dieser Technik arbeiten Sie zwei gleiche Herzen, legen sie aufeinander und häkeln sie an der Spitze zusammen: dabei 2 f.M. in ein Filetkästchen setzen, die Stb. jeweils mit 1 Lm überbrücken (sonst wird der Rand zu dick), die Ecke mit 5 f.M. zusammenhäkeln.
Mit Hilfe einer Münze als Schablone 24 runde Schildchen aus Fotokarton ausschneiden und an einer Seite lochen.
Die Schildchen mit Ziffern

von 1 bis 24 beschriften und auf *Carat*-Bändchen auffädeln. Bändchen an beiden Herzseiten durch die mittleren Lm einziehen. Hilfreich ist dabei eine Gummi-Einziehnadel oder eine Stopfnadel. Achten Sie darauf, das Bändchen nicht zu verdrehen.

Tip

Diese Herztäschchen eignen sich auch als Verpackung für kleine Geschenke oder als Baumschmuck, dann eventuell auch nur als einfaches Herz ohne »Füllung«.

Farbvarianten

Für meinen Adventskalender habe ich alle Herztäschchen in Rot und nur das 24. in Grün gearbeitet, aber selbstverständlich bleibt die Farbgebung Ihrer Phantasie überlassen.

Kugeln mit Pailletten-Sternchen

Material

- Häkelgarn *Nora* von *Madeira* in Blau (Fb 338) und Weiß (Fb 300)
- Häkelnadel Nr. 3,0
- Styroporkugeln, Ø 5 cm und Ø 6 cm
- Stecknadeln mit Silberköpfen, 10 mm und 18 mm
- Sternpailletten in Gold und Silber
- Rocaillesperlen in Gold und Silber

Ausführung

Zu Beginn häkeln Sie in eine doppelte Fadenschlinge 8 f.M. In Runden wird nun nach und nach (im 1. Drittel der Kugel) zugenommen und nach der Mitte entsprechend wieder abgenommen, bis fast zu den letzten Maschen am Kugelrand.

Eine genaue Angabe der Maschenzahl ist bei diesem Modell nicht möglich, aber keine Angst: Diese Kugeln sind leicht und schnell gehäkelt, weil Sie ja nur aus f.M. bestehen!

Bunte Gabelkugel

Folgendes sollten Sie beachten:

◆ Sie nehmen zu, indem Sie in eine f.M. 2 f.M. häkeln.

◆ Sie nehmen ab, indem Sie 2 f.M. zusammen abmaschen. Keine Maschen der Vorrunde überspringen!

◆ Probieren Sie das Häkelstück immer wieder an der Kugel an.

◆ Achten Sie beim Anpassen darauf, daß die Wölbung des Häkelstücks erhalten bleibt und keine Falten entstehen, andernfalls haben Sie zuviel zugenommen.

◆ Für das letzte Drittel der Kugel sollten Sie das Häkelstück überziehen und an der Kugel beenden. Dabei wird der Faden fest um den Zeigefinger der linken Hand gewickelt; beim Einstechen ziehen Sie den Häkelrand etwas von der Kugel weg und drehen diese leicht dabei.

◆ Zum Schluß ziehen Sie die letzten Maschen zusammen und verstechen den Faden. Bringen Sie einen neuen Faden als Aufhänger an.

Material

◆ Häkelgarn *Nora* von *Madeira* in Rot (Fb 315), Gold (Fb 324), Grün (Fb 358) und Blau (Fb 338)

◆ Häkelnadel Nr. 2,5
◆ Netzgabel, 20 mm breit
◆ Durchsichtige Kunststoff-Kugel, Ø 8 cm

Fertigstellung

Verzieren Sie die Kugel in halbversetzten Reihen mit Pailletten: Dafür schieben Sie eine Rocaillesperle und eine Sternpaillette auf eine Stecknadel und stechen diese in die Styroporkugel.

silberne Gabelkugel

Ausführung

In Rot einen Streifen von 60 Schlingen pro Seite gabeln (Anleitung siehe Seite 10). Beidseitig der Gabelborte häkeln:

1. Runde (in Gold):
Mit 1 f.M. zwei Gabelschlingen fassen, dazwischen 1 Lm.

Achtung:
Die Schlingen sollten beim Behäkeln nicht verdreht werden, sondern alle in einer Richtung liegen.

2. Runde (in Gold):
Auf jede Lm der 1. Runde 1 Stb., dazwischen 2 Lm.

3. Runde (in Blau):
Auf die Lm der 2. Runde 2 Stb., dazwischen 1 Lm.

4. Runde (in Grün):
Auf jede 2. Lm der 3. Runde 2 f.M., dazwischen 5 Lm. Nun die fertige Borte mit Km zum Ring schließen und über die Kugel ziehen.

Für die beiden Pole der Kugel (in Rot):
5 Lm mit 1 Km zum Ring schließen.

1. Runde:
15 Stb. im Wechsel mit 15 Lm in den Ring häkeln.

2. Runde:
15 f.M. auf die Stb. der 1. Runde häkeln, dazwischen jeweils 1 Lm.

3. Runde (nur am oberen Pol):
15 f.M. auf die f.M. der 2. Runde häkeln, dazwischen jeweils 3 Lm.

Fertigstellung

Die beiden Häkelstücke auf die Pole der Kugel auflegen. Mit goldenen Spannfäden Pole und Häkelborte verbinden und so die Kugel überziehen. Aufhänger anbringen.

Material

◆ Häkelgarn *Nora* von *Madeira* in Silber (Fb 342)
◆ Häkelnadel Nr. 2,5
◆ Netzgabel, 40 mm breit
◆ Durchsichtige Kunststoff-Kugel, Ø 10 cm

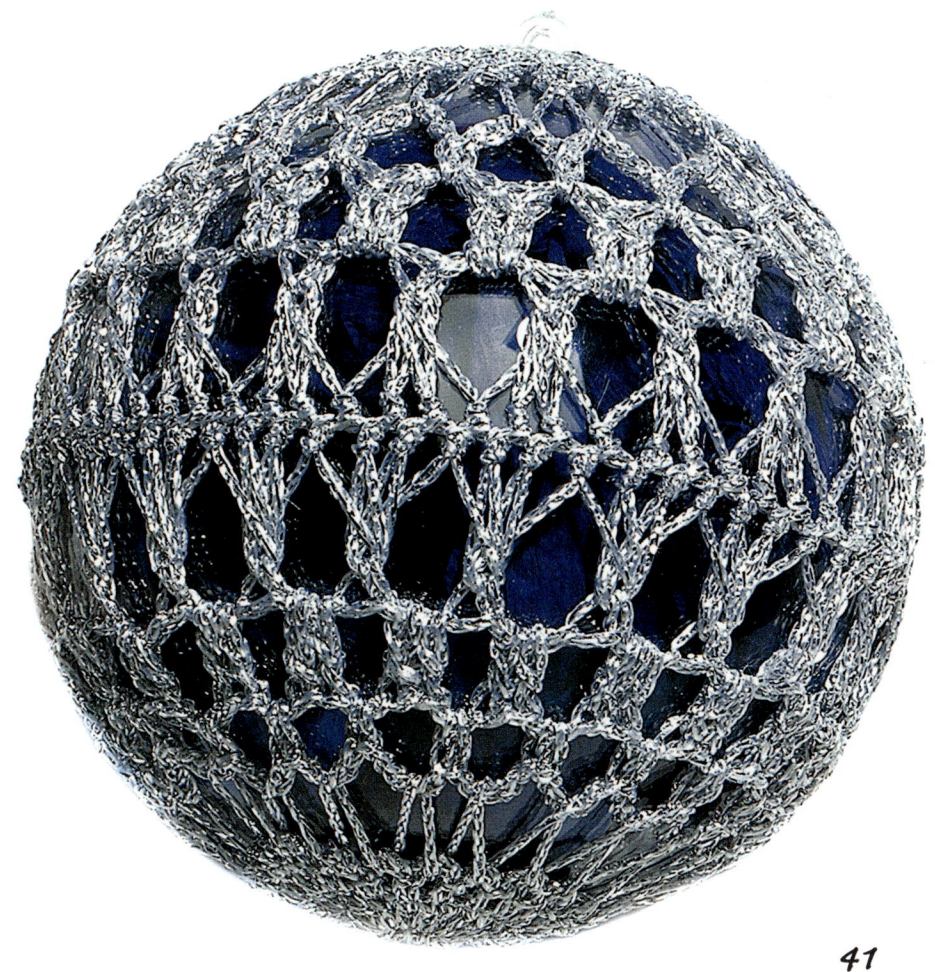

3. Runde:
Auf die Lm der 2. Runde je 1 f.M., dazwischen 5 Lm.
Die fertige Borte mit Km zum Ring schließen und über die Kugel ziehen.

Für die beiden Pole der Kugel:
5 Lm mit 1 Km zum Ring schließen.

1. Runde:
22 Stb. in Lm-Ring häkeln.

2. Runde:
Auf jedes Stb. der 1. Runde 1 f.M. häkeln, dazwischen jeweils 6 Lm.

Fertigstellung

Die beiden Häkelstücke auf die Pole der Kugel auflegen. Mit Spannfäden (durch die Lm-Bögen) Pole und Häkelborte verbinden und so die Kugel überziehen. Aufhänger anbringen. ˎ

Tip

Wenn sie die Kugel mit dunklem Seidenpapier ausstopfen, kommt das Häkelmuster noch besser zur Geltung.

Ausführung

Einen Streifen von 66 Schlingen pro Seite gabeln (Anleitung siehe Seite 10). Beidseitig der Gabelborte häkeln:

1. Runde:
Je drei Gabelschlingen mit 1 f.M. zusammenhäkeln, dazwischen je 3 Lm.

2. Runde:
Auf die Lm der 1. Runde je 2 Stb., dazwischen 2 Lm.

Kugeln, überhäkelt mit Jagdtaschenknoten

Die alte Technik der Jagdtaschenknotenhäkelei eignet sich sehr gut zum Verzieren von Kugeln, da die Häkelei sehr elastisch ist und die Länge der Lm nach Belieben variiert werden kann. Die Grundtechnik wird auf Seite 10 erklärt.

Weiße Kugeln

Material

◆ Häkelgarn *Jabara* von *Madeira* in Weiß (Fb 700)
◆ Häkelnadel Nr. 1,75
◆ Kugeln mit Gold- oder Silberglitter, Ø 8 cm
◆ Goldene oder silberne Perlen nach Wunsch

Ausführung

10 Lm mit 1 Km zum Ring schließen. Anfangsfaden etwas länger hängen lassen.
10 Jagdtaschenknoten im Wechsel mit f.M. in den Lm-Ring häkeln: eine langgezogene Lm, 1 f.M. auf das einzelne Maschenglied der Lm, wieder eine langgezogene Lm und 1 f.M. auf das einzelne Maschenglied der Lm (= 1 Jagdtaschenknoten). Zum Schluß noch 1/2 Jagdtaschenknoten auf die 1. f.M. des 1. der 10 Jagdtaschenknoten häkeln: Somit ist die 1. Runde geschlossen.
Nun in Runden weiterhäkeln. Bei einer Höhe eines Jagdtaschenknotens von etwa 1 cm ist die Höhe der Kugel nach ca. 9 Runden erreicht.
Anfangsfaden verstechen. Beim Zusammenziehen entsteht ein kleiner Stern.
Mit dem Endfaden des Häkelnetzes weiterarbeiten: Masche schließen, Faden unter jedem Jagdtaschenknoten durchziehen.

Beim Zusammenziehen entsteht wieder ein Stern.
Faden zum Aufhängen anbringen, nach Wunsch mit einer Perle daran.

Tip

Verwenden sie kleinere Kugeln (Ø 6 cm), so häkeln sie in der 1. Runde nur 8 Jagdtaschenknoten in den Lm-Ring. Die Höhe der Kugel ist bei 8 oder 9 Runden erreicht.

Dunkle Kugel

Material

◆ Häkelgarn *Nora* von *Madeira* in Schwarz (Fb 370)
◆ Häkelnadel Nr. 2,5
◆ Durchsichtige Kunststoff-Kugel, Ø 8 cm
◆ Bändchen *Carat* von *Madeira* in Gold (Fb 425)

Ausführung

siehe unter »Weiße Kugeln«.

Sterne

Material

◆ Häkelgarn *Nora* von *Madeira* in Lila (Fb 312), Silber (Fb 342) und Gold (Fb 324)
◆ Häkelnadel Nr. 2,5
◆ Durchsichtiger Kunststoff-Stern, Ø 9,5 cm
◆ Goldene und silberne Perlen, Ø 12 mm

Ausführung

7 Lm mit 1 Km zum Ring schließen.

1. Runde:
6 x 3 Stb., jeweils getrennt durch 3 Lm, in den Ring häkeln.

2. Runde:
Auf die 6 Lm-Bogen der 1. Runde jeweils 3 Stb., 3 Lm, 3 Stb. häkeln. Dazwischen jeweils 5 Lm arbeiten.

3. Runde:
3 Stb., 3 Lm, 3 Stb. auf die Lm zwischen den Stb. der Vorrunde häkeln, dazwischen jeweils 4 Lm., 1 f.M. (in die 5 Lm der Vorrunde), 4 Lm.

4. Runde:
Auf die Lm zwischen den Stb. der Vorrunde jeweils 3 Stb., 6 Lm, 3 Stb. häkeln, dazwischen jeweils 5 Lm, 1 f.M. (in die f.M. der Vorrunde), 5 Lm.
Den zweiten Stern für die Rückseite genauso arbeiten, allerdings nur bis zur 3. Runde. Die beiden Sterne folgendermaßen verbinden: An den Sternspitzen 3 Lm häkeln, mit 1 Km an die 6 Lm des anderen Sterns anschlingen, 3 Lm. An den Sterntiefen 5 Lm häkeln, 1 f.M. in die f.M. der 3. Runde, mit 1 Km an die f.M. des anderen Sterns anschlingen, 5 Lm.

Achtung: Stern rechtzeitig einlegen!

Fertigstellung

Sternmittelpunkte mit aufgenähten Perlen schmücken. Aufhänger anbringen und dabei ebenfalls eine Perle einknoten. Auch an der unteren Sternspitze können nach Wunsch Perlen befestigt werden.

Tip

Für das überhäkeln der Sterne und Glocken (Seite 46) habe ich ein einfaches Muschelmuster und starkes Häkelgarn gewählt, damit auch ungeübte Häklerinnen schnell zum Erfolg kommen. Farbiges Seidenpapier, in die sterne gestopft, bringt das Muster noch besser zur Geltung.

3. Rd des 2. Sterns

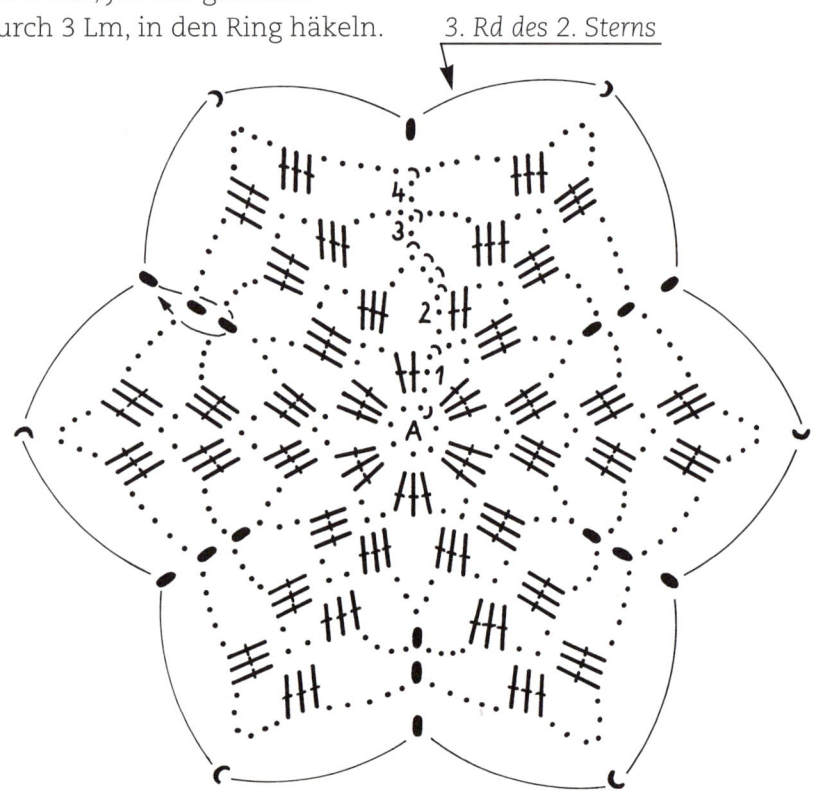

Glocken

Material

- Häkelgarn *Nora* von *Madeira* in Lila (Fb 312), Silber (Fb 342) und Gold (Fb 324)
- Häkelnadel Nr. 2,5
- Durchsichtige Kunststoff-Glocke, 9 cm hoch
- Goldene und silberne Perlen, Ø 12 mm

Ausführung

7 Lm mit 1 Km zum Ring schließen.

1. Runde:
6 x 3 Stb., jeweils getrennt durch 2 Lm, häkeln.

2. Runde:
Auf die 6 Lm-Bogen der 1. Runde jeweils 2 Stb., 2 Lm, 2 Stb. häkeln. Dazwischen jeweils 3 Lm arbeiten.

3. Runde:
Auf die 2-Lm-Bogen der 2. Runde jeweils 2 Stb., 2 Lm, 2 Stb. häkeln, auf die 3-Lm-Bogen jeweils 2 Lm, 1 f.M., 2 Lm.

4. Runde:
Wie 3. Runde.

5. Runde:
Auf die 2-Lm-Bogen der 4. Runde jeweils 2 Stb., 2 Lm, 2 Stb. häkeln, dazwischen jeweils

3 Lm, 1 f.M. (in die f.M. der Vorrunde), 3 Lm.

6. Runde:
Wie 5. Runde.

7. Runde:
Wie 5. Runde.

8. Runde:
2 Stb., 2 Lm, 2 Stb. über die »Mu-
scheln« der Vorrunde häkeln,
danach 2 Lm häkeln, 1Stb., 2 Lm
und 1 Stb. auf die f.M. der 7. Runde, dann nochmals 2 Lm häkeln.
Diesen Vorgang wie gewohnt
noch 5 x wiederholen.

9. Runde:
2 Stb., 2 Lm, 2 Stb. auf die Lm
zwischen den Stb. der Vorrunde
häkeln, dazwischen jeweils
2 Lm. Insgesamt 12 x wiederholen.

10. Runde:
Wie 9. Runde.

11. Runde:
Wie 9. Runde, allerdings auf die
Lm zwischen den Stb. jeweils
2 Stb., 1 Pikot (3 Lm, 1 Stb. auf
die 1. Lm), 2 Stb.
Die Häkelschrift zeigt bis zur
3. Runde die ganze, danach nur
noch die halbe Glocke. MS insgesamt 6 x häkeln.

Glockenboden:
10 Lm häkeln.
3 Lm und 2 Stb. in die letzte
(= 10.) Lm häkeln. Auf der Lm-
Kette zurückgehend 8 Stb. arbei-

ten, in die 1. Lm 5 Stb., auf
der anderen Seite der Lm-Kette
ebenfalls 8 Stb.
Nun weiter in Spiralrunden
1 Stb. / 1 Lm im Wechsel arbeiten. Etwa 2 1/2 bis 3 Runden
häkeln, dabei die Stb. immer in
die Lm der Vorrunde setzen.
An den beiden Polen etwas zu-
nehmen, indem man mehrmals
2 Stb. in 1 Lm der Vorrunde ar-
beitet.
Spiralrunde mit 1 f.M., 1 Lm,
1 Km beenden.

Wichtig:
**Probieren Sie das gehäkelte
Teil immer wieder an der
Glocke an!**

Glockenboden

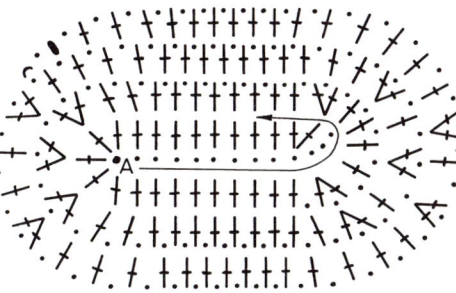

Fertigstellung

Fäden verstechen, Glocke überziehen, Boden mit andersfar-
bigem Hilfsfaden am Oberteil
fixieren. Mit 2 – 3 Stichen die
Lm-Ketten der Glocke mit dem
Bodenteil verbinden, die Stäb-
chen-Muscheln mit ihren Pikots
bleiben frei. Hilfsfaden entfernen. Aufhänger mit Perle anbringen. Zusätzliche Perle am
Glockenboden annähen.

Tip

*Die goldene Glocke kann auch mit
dünnerem Garn (z.B. Jabara von
Madeira in Gold) und dünnerer
Häkelnadel (Nr. 1,75 oder 1,5) in
gleichem Muster gearbeitet wer-
den. Häkeln Sie einfach ein paar
Musterrunden mehr. Für den
Glockenboden habe ich eine goldene
Perle mit festen Maschen über-
häkelt.*

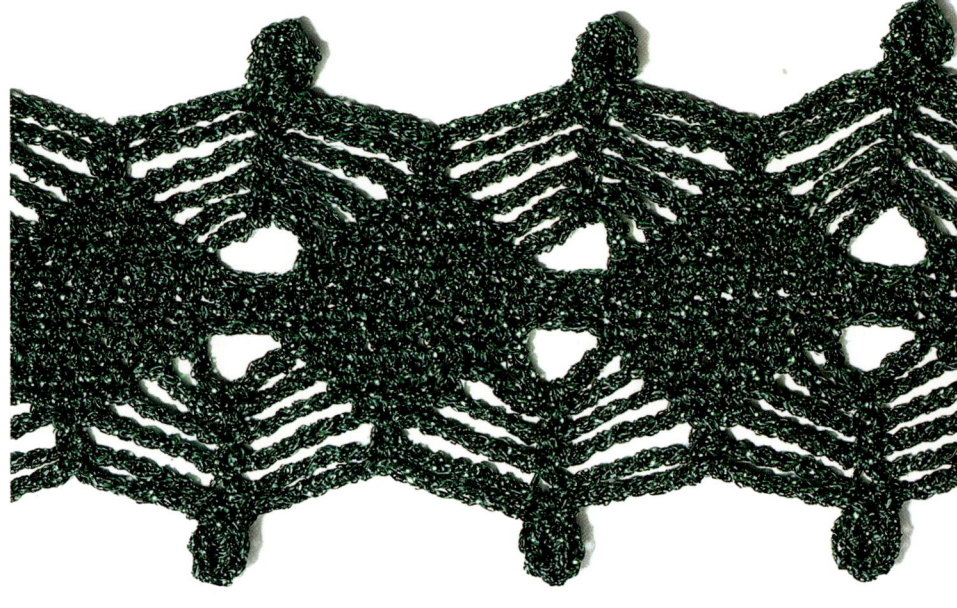

Bezugsquellen

Garne, Nadeln und weiteres Zubehör erhalten Sie in Handarbeitsfachgeschäften und Bastelläden.

Garne:

Madeira-Garne
U. + M. Schmidt & Co. GmbH
Hans-Bunte-Str. 8
79108 Freiburg

FHA Frankfurter Handarbeiten
Postfach 12 42
74552 Crailsheim

Blumenstiele:

MTG
Moda Trading GmbH
Römerring 34
76768 Berg/Pfalz

Handarbeitsgeräte:

INOX
Rump & Prym GmbH & Co. KG
Rahmedestr. 33 – 45
58762 Altena

Bastelmaterialien:

Knorr-Hobby GmbH
Bamberger Str. 21
96215 Lichtenfels

Anhäkeldeckchen
mit vorgefertigtem Lochrand:

Junghans-Wolle
Auf der Hüls 205
52055 Aachen

Die Modelle auf den Seiten 24/25, 26 und 31 wurden uns freundlicherweise von der Firma Madeira zur Verfügung gestellt.

Die Deutsche Bibliothek –
CIP-Einheitsaufnahme

Häkeln in der Weihnachtszeit :
Häkelblumen, Baumschmuck, Tisch-
dekorationen / Brigitte Kirschning. –
Augsburg : Augustus-Verl., 1998
  ISBN 3-8043-0635-7

Im Augustus Verlag sind bisher folgende Titel zum Thema Häkeln erschienen:
◆ Bode/Dietze/Steinert: Grundkurs Häkeln
◆ Burda Praxis – Filethäkeln
◆ Heinrich: Omas Häkelspitzen
◆ Heinrich: Omas Häkelmotive
◆ Kirschning: Zauberhafte Häkelblumen
◆ Neumann/Grehl: Häkeln in der Osterzeit

Fotografie: Klaus Lipa, Augsburg
Lektorat: Margit Bogner
Grafiken: Manuela Juntke, Leipzig
Umschlaggestaltung: Christa Manner, München
Layout: Anton Walter, Gundelfingen

Augustus Verlag Augsburg 1998
© Weltbild Verlag GmbH, Augsburg

Satz: Gesetzt aus 10 Punkt Caecilia Light in QuarkXPress von DTP-Design Walter, Gundelfingen
Reproduktion: GAV Prepress Gerstetten
Druck und Bindung: Appl, Wemding

Gedruckt auf 115 g umweltfreundlich chlorfrei gebleichtes Papier.

ISBN 3-8043-0635-7
Printed in Germany